RAPPORT

DE

M. BARNAVE

SUR LES COLONIES,

ET DECRET

Rendu sur cette affaire par l'Assemblée Constituante le 28 Septembre 1791; sanctionné par le Roi le 29 du même mois.

RAPPORT

DE

M. BARNAVE

SUR LES COLONIES,

ET DÉCRET

Rendu sur cette affaire par l'Assemblée Constituante, le 28 Septembre 1791; sanctionné par le Roi le 29 du même mois.

L'ASSEMBLÉE Nationale ayant reçu différentes pièces sur la situation actuelle des Colonies, les a renvoyées aux quatre Comités qu'elle avoit précédemment chargés du travail relatif à cette partie, pour lui en être fait rapport. Les Comités ayant pris une connoissance approfondie de la situation actuelle des Colonies, tant par les pièces qui lui ont été renvoyées par l'Assemblée Nationale, que par

A

celles qui lui ont été adressées directement ;
ayant pris, dis-je, une connoissance exacte des
faits, ont pensé que ce n'étoit pas par des mesures partielles et momentanées, qu'on pourroit arriver à la guérison du mal : qu'il ne
pouvoit pas être simplement question de la
suspension ou de la révocation du Décret rendu ;
mais qu'il falloit arriver à la racine même du
mal par un ou plusieurs articles constitutionnels sur les Colonies, qui, en assurant d'une
part, la tranquillité des habitans, et d'autre
part, les intérêts que la métropole trouve dans
son commerce avec les Colonies, missent un
terme à des querelles dont le prolongement
ne pourroit que devenir désastreux pour la
France.

Pour arriver, Messieurs, à une connoissance claire de la situation où nous nous trouvons, et de la question telle qu'elle vous est
présentée aujourd'hui, il est nécessaire de faire
un retour très-rapide sur ce qui a eu lieu précédemment, et sur les notions élémentaires
sur cette partie.

Chacun sait dans l'Assemblée quelle est la
nature et l'utilité de ces possessions qu'on ap-
pelle Colonies. Ce sont des possessions liées à

différentes Nations de l'Europe ; placées à une grande distance d'elles, dont l'avantage consiste principalement dans les produits du commerce qu'on fait avec elles, et qui tiennent leur sûreté, leur défense de la puissance européenne, à laquelle elles sont attachées. Les différentes puissances de l'Europe ont donné à leurs Colonies un régime semblable au leur, autant que les localités ont pu le supporter. En conséquence, les Colonies appartenant à des Etats soumis au régime arbitraire d'un seul homme, sont elles-mêmes gouvernées par le même régime. Les Colonies liées à des Nations qui ont, dans leur sein, un système représentatif, sont elles - mêmes régies par un système semblable, autant que les localités peuvent le permettre, ainsi que je l'ai annoncé.

En conséquence de ces principes généraux, les Colonies Françoises, avant la révolution qui vient de nous régénérer, étoient soumises à un Gouvernement absolu. Les Administrateurs, c'est-à-dire, le Gouverneur et l'Intendant, y exerçoient, avec le pouvoir judiciaire, un pouvoir tel que celui qu'exerçoient en France les ministres d'une part, et les grands Corps Judiciaires de l'autre. Lorsque la révolution, qui a eu lieu en France en 1789,

s'est fait sentir dans les Colonies ; un mouvement général s'y est manifesté ; et le vœu ex-
primé par tous leurs habitans, a été de se sous-
traire, comme ceux de la Métropole, au régime sous lequel elles avoient vécu ; et d'ob-
tenir, sous une forme quelconque, un Gouvernement, ou qui fît partie, ou qui appro-
chât, par sa nature, de celui auquel la France
alloit être soumise.

C'est par ce mouvement spontané que toutes
les Colonies, sans provocation, ont nommé
des Députés qui ont été reçus dans cette Assemblée. C'est par la suite du même mouvement, qu'indépendamment de ces Députés, elles
ont aussi formé spontanément, chacune chez
elles, des Assemblées Coloniales, très-long-
temps avant que l'Assemblée Nationale ait
commencé à s'occuper d'elles. Ces Assemblées
Coloniales, soit partielles dans les différentes
parties de Saint-Domingue, soit générales pour
chaque Colonie, étoient déjà formées, et
avoient déjà exercé des pouvoirs nouveaux et
illimités, lorsque l'Assemblée Nationale, ins-
truite des troubles et des événemens qui avoient
lieu dans les Colonies, a commencé beaucoup
trop tard, au 8 Mars 1790, à s'occuper d'elles.
Alors, sentant qu'il étoit indispensable de don-

ner aux Colonies un nouveau régime, vous prîtes le parti de les consulter elles-mêmes sur celui qui pouvoit leur convenir; et néanmoins comme dans les opérations qu'elles avoient faites déjà de leur propre mouvement, elles avoient outre-passé les bornes, les limites que l'intérêt de la Métropole devoit leur fixer, vous crûtes devoir, en les chargeant de vous présenter des plans de Constitution, leur indiquer en même temps les bases générales nécessaires pour la conservation des intérêts de la Métropole.

Alors, divers systèmes pour la Constitution des Colonies pouvoient se présenter à vous. La Nation qui, par son régime politique, vous ressembloit le plus, pouvoit vous servir de modèle dans le régime que vous deviez donner à vos Colonies; je veux dire la Nation Angloise. Différentes causes pourroient aussi vous en éloigner. Voici comment nous raisonnâmes:

Dans toute Constitution Coloniale il y a nécessairement deux parties très-distinctes, deux classes de loix qui ne peuvent jamais être confondues. Les Colonies considérées isolément, indépendamment de leurs rapports avec la Métropole, ont des intérêts, une existence

A 3

particulière; les loix relatives à leur existence politique isolée, s'appellent loix du régime intérieur des Colonies. Les Colonies considérées dans les rapports avec la Nation avec laquelle elles sont liées, rapports de commerce, de protection ou autres, sont, dans ce point de vue, apperçues sous un nouvel aspect politique. Les loix qui lient, par ces différens rapports, les Colonies à la Métropole, s'appellent loix du régime extérieur des Colonies. Dans tous les temps, chez tous les Peuples, cette distinction a existé, soit qu'elle ait été ou non remarquée, parce qu'elle est fondée sur la nature même des choses.

Les loix du régime extérieur intéressant non-seulement les Colonies, mais essentiellement la Métropole qui est Maitresse et souveraine, sont, quelque soit le système adopté, toujours faites par la puissance législative de la Métropole. Les loix du régime intérieur peuvent être présentées sous différens points de vue; mais dans tous les cas, l'éloignement des Colonies des Nations Européennes, auxquelles elles sont liées, et les localités et les circonstances qui les différencient essentiellement du régime européen, ont exigé partout qu'il fût établi un moyen local de faire

(7)

ces loix et de les faire exécuter provisoirement ;
attendu qu'à 2000 lieues et avec des dissem-
blances locales, il est nécessaire d'une part,
que les connoissances locales contribuent à la
confection de la loi intérieure ; et d'autre
part, qu'il soit établi un moyen provisoire
pour suppléer à l'espace de temps qui s'écoule
nécessairement entre les connoissances du besoin local dans les Colonies et le moment où
les loix adoptées par la Métropole peuvent
parvenir dans leur sein. Ainsi, lors même que
vos Colonies étoient régies par un Gouvernement arbitraire, les Administrateurs avoient
le droit de faire, et même d'exécuter provisoirement les loix, sauf la suprématie du pouvoir législatif, tel qu'il existoit alors en France.

En Angleterre, voici comment la législation des Colonies a été distribuée. Le Parlement Anglois fait seul toutes les loix du régime extérieur des Colonies ; toutes celles qui
concernent les relations commerciales de l'Angleterre avec ses Colonies et leurs moyens d'exécution ; toutes celles qui concernent la défense et l'usage du pouvoir national dans les
Colonies. Les loix du régime intérieur, au
contraire, sont faites, dans les Colonies Angloises, par les Assemblées Coloniales établies

A 4

dans chaque Colonie. Ces loix sont sanctionnées provisoirement, par les Gouverneurs sur les lieux, et s'exécutent pendant un an, au moyen de cette sanction. Elles sont ensuite portées immédiatement à la sanction du Roi d'Angleterre.

Ainsi, les Colonies sont en rapport avec la Métropole sous deux caractères politiques. Elles sont purement sujettes, quant aux loix du régime intérieur, puisque ces loix sont faites pour elles, par le Parlement dans lequel elles n'ont pas de Réprésentans; elles sont co-états quant aux loix du régime intérieur, puisque celles-ci sont faites par elle sous la simple sanction du Roi.

Il auroit paru que ce régime étoit le plus simple, le plus facile à adopter pour nous. Voici cependant quelles étoient les raisons qui nous en ont éloigné, lorsque, pour la première fois, nous avons indiqué aux Colonies une forme de Gouvernement. Les liens qui unissent les Colonies angloises à la métropole nous ont paru suffisans dans le système que l'Angleterre a adopté et ne pouvoir suffire chez nous, attendu les différences qui existent dans les diverses parties de notre Gouvernement. Nous avons cru que le Roi d'Angleterre étant, soit dans l'Angleterre, soit dans les Colonies, le seul administrateur, ayant seul la nomination de tous les juges, ayant dans les Colonies, comme en Angleterre, une chambre-haute attachée à chaque assemblée coloniale, et des membres de laquelle il avoit la nomination, avoit, par ces moyens, assez de puissance pour maintenir, soit en Angleterre, soit dans les Colonies, pour maintenir d'une manière solide, le lien qui attache les Colonies à la métropole. Il nous a paru, au contraire, qu'en France, le Roi n'ayant pas la nomination des administrations, puisqu'elles sont nommées pas le peuple; n'ayant pas la nomination des juges, puisqu'ils sont nommés par le peuple; ne pouvant pas avoir dans les assemblées coloniales, une chambre-haute à sa nomination, puisqu'en suivant l'analogie de la Constitution françoise, on ne peut pas constituer les assemblées coloniales, en deux chambres, et moins encore y instituer une chambre-haute à la nomination du Roi : il nous a paru que, par ces différences, il résulteroit que, quoique les liens qui, par la seule main du Roi, tiennent les Colonies angloises réunies à la métropole, fussent assez forts en Angleterre, ces liens ne suffisoient pas parmi nous, attendu la différence qui existe entre la prérogative du Roi d'Angleterre et de la prérogative du Roi des Français : que vouloir constituer les Colonies françaises sous le régime des Colonies angloises, et leur conserver néanmoins le régime judiciaire et administratif qui est établi en France, c'étoit constituer un état de choses dans lequel il étoit facile de prévoir que les liens ne seroient pas assez forts pour les tenir unis à nous; et quoique dans tous les sistèmes possibles on donnât toujours au corps législatif national le droit de décréter les loix relatives au régime extérieur, néanmoins comme ces loix relatives au commerce ne sont pas les moyens par lesquels on retient les Colonies, mais seulement le but, le fruit, le résultat du lien qui les attache à la métropole; si, d'une part, le Roi ne suffisoit pas pour les retenir par le pouvoir qui lui est donné, et que, d'autre part, le corps législatif n'exerçât qu'un pouvoir de recueillir et non pas le pouvoir de gouverner, il en résulteroit que, par la foiblesse des moyens, le but finiroit tôt ou tard par échapper.

D'après ces considérations, nous cherchâmes un régime qui pût concilier la nécessité absolue de donner aux Colonies un régime local, provisoire, avec la nécessité non moins importante de les lier à la métropole par des liens puissans. Que fîmes-nous donc dans nos instructions ? nous continuâmes, comme en Angleterre, les loix du régime extérieur, c'est-à-dire, les loix de commerce et de protection purement au corps législatif; et quant aux loix du régime intérieur, nous donnâmes aux assemblées coloniales la faculté de les faire, de les exécuter provisoirement avec la sanction du Gouverneur; mais nous appellâmes ensuite ces mêmes loix dans le sein du corps législatif, pour pouvoir être revisées et réformées avant d'être soumises à la sanction du Roi : par ce moyen nous conservâmes aux Colonies la faculté de commencer leurs loix, de les faire elles-mêmes, de les exécuter provisoirement; mais nous établîmes dans le corps législatif une puissance capable de les soumettre. Nous y appellâmes en même-tems des députés qui forment un lien très-puissant entre la Colonie et la Métropole, et par la prérogative que nous attribuâmes aux corps législatif, il résultoit qu'ayant la faculté de revoir les loix intérieures

dans les Colonies, ayant la faculté de suspendre, de dissoudre les assemblées coloniales,
la suprématie de la Nation existoit en très-
grande force dans ces contrées; et nous ob-
servions même les principes plus rigidement
qu'en Angleterre; car les Colonies angloises
sont purement sujettes pour le régime extérieur, puisque les loix sont faites par le
Parlement Anglais, où elles ne sont pas ré-
présentées, tandis que si les loix du régime
extérieur étoient faites exclusivement et immédiatement par le Corps Législatif Français,
il n'y avoit ni suggestion ni injustice, en ce
que les Colonies y étoient représentées elles-
mêmes, et y avoient même un nombre de
députés suffisant pour pouvoir lutter avec
égalité contre les députés des villes de commerce qui, dans le débat ordinaire de leurs
principaux intérêts, sont tous adversaires
naturels. Nous avions donc cru par ce système pouvoir conserver la nécessité d'une
législation provisoire émanée d'eux, et néanmoins la suprématie de la puissance nationale
et le maintien des mœurs qui attachent les
Colonies à la Métropole.

Une seule circonstance présentoit une
grande difficulté; c'étoit la législation réla-

tive à l'état des personnes. Chacun sait aujourd'hui dans cette Assemblée que la tranquillité, que l'existence des Colonies résident dans la prudence, la circonspection dans la connoissance exacte des faits avec laquelle doit être traitée la législation concernant l'état des personnes; or, il étoit établi dans l'opinion des Colonies, que ces différentes qualités ne pouvoient pas se trouver en général dans le Corps Législatif Français, à qui la connoissance de ces localités étoit presque toujours étrangère; et qui fréquemment se trouveroit entraîné par des hommes qui, présentant même aux meilleurs esprits des principes généraux, l'emporteroient aisément sur ceux qui ne présenteroient que des faits, que des idées positives, qu'il est toujours aisé de démentir à 2 mille lieues. Il falloit donc donner aux Colonies une assurance concernant l'état des personnes. Cette assurance leur fut donnée, en promettant qu'aucune loi ne seroit portée sur l'état des personnes dans les Colonies, que sur leur demande formelle et positive. Telle étoit la promesse consacrée dans différens décrets que le comité vous proposa de convertir en décrets constitutionnels au 15 mai 1791.

Dans ce moment le système colonial que je viens d'exposer n'étoit plus un simple rêve, n'étoit plus une instruction purement consultative; il avoit acquis un grand degré de force, par l'adhésion de tous les partis des différentes Colonies; après avoir joint à ces bases générales tous les détails nécessaires pour leur exécution, elles avoient obtenu l'adhésion de tous les Colons à un tel degré, que les Membres de la ci-devant Assemblée de Saint-Domingue, alors à Paris, avoient demandé, par une pétition expresse, que cette Constitution coloniale; qui n'étoit présentée que sous la forme d'une instruction, fût convertie en décret, et reçût immédiatement son exécution dans la Colonie de Saint-Domingue, par où tous les troubles et tous les débats étoient entièrement terminés: mais cette pétition, comme adhésion formelle à notre système constitutif, étoit toujours subordonnée à l'exécution de la promesse qui avoit été faite précédemment, relativement à l'état des personnes, savoir qu'aucune loi sur cet objet ne seroit faite par le Corps Législatif, que sur la demande, précise, formelle et spontanée des Colonies: nous vous proposâmes de réduire en décret cette promesse; vous savez quel en fut le résultat, et comment, adoptant nos principes sur un objet, c'est-à-dire, sur les esclaves, vous les rejettâtes sur un autre objet, et rendîtes, contre notre avis, le décret du 15 mai. Dès-lors la suite de conduite que nous avions proposée, et qui terminoit toutes les querelles des Colonies, n'a pas pu être exécutée, et la Constitution que nous avions faite n'a point été convertie en décret exécutoire; elle a été simplement envoyée comme instruction dans les Colonies, avec plusieurs changemens, un mois après que vous avez rendu le décret du 15 mai. Telle étoit précisément la situation des choses quand le décret du 15 mai est arrivé à Saint-Domingue.

Il y a, il faut le dire, une très-grande différence à établir, sur cet objet, entre Saint-Domingue et les autres Colonies. Quoique nous n'ayons pas connoissance des faits qui ont eu lieu tant à la Guadeloupe qu'à la Martinique, nous avons lieu de penser que l'effet que le décret y aura produit aura été beaucoup moins violent, ainsi que nous l'avons annoncé; mais Saint-Domingue forme commercialement la presque totalité des Colonies, car si la Martinique est un poste Militaire très-

important, Saint-Domingue est, quant aux
produits, très-supérieur à la réunion de toutes
les autres Colonies.

L'arrivée du décret à Saint-Domingue y a
produit les effets que voici : Saint-Domingue
étoit divisé en deux partis, dont l'un avoit
adopté et défendu les Décréts de la Nation,
et dont l'autre les avoit transgressés, et avoit
même à cet égard mérité une repression sé-
vère de la part de l'Assemblée. Les deux partis
se sont réunis à l'arrivée du Décret, et se sont
réunis dans l'esprit d'opposition au Décret :
le même esprit à régné dans toutes les parties
de la Colonie, les mesures ont été au point
de faire prêter serment aux Troupes Françaises, qui se trouvoient dans les différens
quartiers de Saint-Domingue, non-seulement
de ne pas agir pour l'exécution du Décret,
mais d'agir directement contre son exécution;
les mesures ont été portées jusqu'à forcer les
différens commandans à donner eux-mêmes
les mêmes promesses, et différentes adresses
ont été rédigées dans différens quartiers.
Celles du Nord à été respectueuse, quoique
extrémement ferme dans son opposition : les
autres sont de nature à ne pouvoir être lues
dans cette Assemblée, enfin l'effet du Décret

a été tel, l'impression qu'il a faite sur les hommes de couleur a été si forte à raison peut-être du courroux qu'il inspiroit aux Blancs, ou de l'intérêt que quelques hommes de couleur propriétaires pouvoient y voir pour la conservation de leurs Esclaves, que dans plusieurs quartiers de la Colonie, notamment celui de la grande Rivière et ceux environnant le Port-au-Prince, les hommes de couleur ont pris des délibérations par lesquelles ils renoncent eux-mêmes à l'effet, au bénéfice du Décret, et paroissent même y opposer une sorte de résistance. Je sais que l'on ne peut donner la même valeur à de pareils actes, qu'à ceux qui sont venus de la part des Blancs, mais au-moins ces actes-là prouvent comme ceux qui ont pu être attachés aux différens officiers commandans pour la France dans la Colonie, jusqu'à quel dégré étoit portée la violence et l'action de la résistance, puisqu'elles forçoient ceux qui, les uns par intérêt, et les autres par devoir, se trouvent obligés à défendre le Décret; puisqu'elles les forçoient ouvertement à s'expliquer contre son excécution; telle a été, et telle est encore la situation de Saint-Domingue. Les nouvelles que nous avons reçues dernièrement, sont plus graves encore que les précédentes ; tout annonce qu'à la réunion universelle qui va être cimentée dans une Assemblée Coloniale, on a joint des précautions définitives, même Militaires, qu'on a mis les forts en état, qu'on établi des relations dans les Colonies pour pouvoir en rassembler les forces au besoin ; que l'Assemblée Coloniale qui va se former, a désigné un lieu pour tenir ses séances, un lieu fortifié, afin de pouvoir se mettre à couvert de toutes espèces d'attaques ; telles étoient au 31 Juillet et au 4 Août, les dernières nouvelles qu'on a reçues de la situation de la Colonie de Saint-Domingue. Dans cette situation, il ne faut pas consulter seulement ce qui existe, il faut encore appercevoir ce qui existera. Or voici, si vous consultez et le passé qui est toujours le préliminaire de l'avenir et le raisonnement le plus simple, voici quel sera le résultat de la fermentation dans les Colonies : D'après les Decrets qui ont été rendus, les Colonies, ou du moins Saint-Domingue est persuadé, d'une part, que le régime intérieur est interverti, que les moyens de conservation sont abolis, et par conséquent il n'est pont d'obstacle qu'ils ne soient déterminés à y opposer, d'autre part, ils sont persuadés, parce qu'ils avoient crû antérieurement, que l'Assemblée Nationale avoit promis de ne point toucher à cet objet, ils sont persuadés, dis-je, qu'elle a manqué à ce qu'elle leur avoit annoncé; en conséquence, si le Décret subversif à leurs yeux les désespère, le manquement de foi qu'ils croient y voir ne leur inspire pas moins de terreur pour l'avenir; ils croient appercevoir, dans cet acte, non-seulement les dangers indirects qui résultent des droits de citoyens actifs, accordés aux hommes de couleur, mais le danger prochain d'une démarche du corps législatif, qui ayant déja manqué à ses promesses, peut aller jusqu'à attaquer directement et immédiatement le régime Colonial par l'affranchissement des esclaves; quoi qu'il en soit de ces idées voici naturellemet où elles doivent les conduire; c'est à demander que le corps législatif ne prenne aucune part à leurs loix du régime intérieur, attendu qu'il est aujourd'hui démontré qu'il ne peut y prendre part sans de très-grands dangers pour la Colonie; c'est qu'ayant une fois établi dans leur esprit que le corps législatif ne peut prendre part à leur régime intérieur, ils en tirent cette première conséquence, que les

Colonies ne doivent pas être représentées dans le corps législatif, puisqu'il ne fait pas leurs loix, et de ce que les Colonies ne sont pas représentées dans le corps législatif; ils tirent cette seconde conséquence, que le corps législatif ne peut pas faire leurs loix de commerce, attendu qu'aucun François n'est tenu qu'à l'exécution des loix qu'il a faites, par lui ou par ses représentans; il ne faut pas trouver ce raisonnement extraordinaire et impossible puisqu'ils l'avoient fait déjà, et qu'il n'est autre autre chose que le système des Décrets du 28 Mai, présenté par l'Assemblée Coloniale de Saint - Domingue, laquelle se réservoit toutes les loix du régime intérieur, sans se soumettre à la sanction pour l'exécution provisoire, et vouloit que les loix du régime extérieur, c'est-à-dire, les loix de commerce fussent respectivement consenties entre la Colonie et la Métropole. Si d'une part, Messieurs, il y a une disposition antérieure à ce système, puisqu'ils l'avoient antérieurement adopté; si, d'autre part il y a un raisonnement assez spécieux à tirer des circonstances, pour y arriver de nouveau, il ne faut pas douter qu'ayant réunis leurs forces, leurs esprits, leurs intentions, et ne formant

plus qu'un seul parti dans les Colonies, ils
ne vous proposent tôt ou tard ce même systême, si vous ne prenez pas le devant, si,
par des résolutions sages, mais conservatrices
du droit National comme de l'intérêt Colonial, vous ne prévenez pas une dispute et
une guerre dont ce système - là deviendroit
nécessairement le résultat.

D'après cette situation existante, et cette
conjecture extrêmement probable pour l'avenir,
voici comment nous avons envisagé la question : il est évident que toute suspension, ou
même simple révocation du Décret, indépendamment de ce qu'elle auroit de fâcheux
pour l'Assemblée, ne préviendroit pas les in-
convéniens que nous craignons ; car ils ne
peuvent l'être qu'en rassurant sur l'avenir,
par une fixation immuable de la compétence.

Nous n'avons pas cru, de même, devoir
faire actuellement la totalité de l'organisation
des Colonies ; 1°. parceque nous n'en avons
pas le temps ; 2°. comme nous l'avons déjà
annoncé, cette grande question du régime
intérieur, de savoir si les Colonies doivent
avoir ou non la totalité de ce régime intérieur sous la sanction du Roi : cette question

là ne peut pas être décidée avant de savoir
si le ystême administratif et judiciaire François seroit introduit dans les Colonies ; que
par conséquent, si l'on doit élever cette question, ce ne peut être qu'au moment où l'on
pourroit décider en même-temps le systême
judiciaire, le systême administratif et la totalité de l'organisation, attendu que, donner
d'avance tout le régime intérieur et laisser
le reste dans les doutes de l'avenir, ce seroit
commencer par briser les liens, sauf à les
fortifier par la suite. Nous avons donc cru
que ce systême dans son ensemble ne pouvoit point être traité aujourd'hui, qu'il tenoit
à une réunion d'Institutions que nous n'a-
vions pas le loisir d'examiner ; que d'ailleurs,
il pouvoit être sujet à des épreuves et changé
d'après l'expérience.

Mais il est dans tous les systêmes Colo-
niaux possibles deux points invariables par
leur essence, parce que renfermant l'un l'intérêt National, l'autre l'intérêt des Colonies,
ils sont nécessairement la base des rapports,
que les Nations Européennes et les Colonies
peuvent avoir entre elles ; nous avons cru que
si nous prononcions sur ces points aujour-
d'hui, nous rendrions justice à chacun, nous

férions cesser tout-à-la-fois les espérances illé-
gitimes sur le régime extérieur et les craintes
légitimes sur le régime intérieur; nous vous
avons donc proposé de décréter deux bases
fondamentales; l'une que les loix du régime
extérieur des Colonies seront continuellement
dans la compétence du Corps Législitif, sous
la sanction du Roi, et que les Colonies ne
peuvent à cet égard faire que des pétitions,
qui en aucun cas, ne pourront être converties en réglemens provisoires dans les Colonies; l'autre, que les loix sur l'état des personnes soient faites par les Assemblées Coloniales et exécutées provisoirement d'après la
sanction du gouverneur et directement portées à la sanction du Roi: il est inutile de
démontrer le premier point, il ne peut pas
y avoir de division à cet égard, je passe
donc au second, qui est l'unique question
qu'il sagit de résoudre actuellement.

Le régime intérieur des Colonies, son existence, la tranquillité qui y règne, ne peuvent
être considérés que comme un édifice factice
ou surnaturel; car la suffisance des moyens
matériels et mécaniques y manque absolument. Saint-Domingue, en même temps qu'il
est la première Colonie du monde, la plus

riche et la plus productive, est aussi celle où la population des hommes libres est en moindre proportion avec ceux qui sont privés de leur liberté. A Saint - Domingue, près de 450,000 esclaves sont contenus par environ 30,000 Blancs; et les esclaves ne peuvent pas être considérés comme désarmés ; car des hommes qui travaillent à la culture des terres, qui ont sans cesse des instrumens dans leurs mains, ont toujours des armes : il est donc, physiquement impossible, que le petit nombre des Blancs pût contenir une population aussi considérable d'esclaves , si le moyen moral ne venoit à l'appui de la foiblesse des moyens physiques. Ce moyen moral est dans l'opinion , qui met une distance immense entre l'homme Noir et l'homme de couleur, entre l'homme de couleur et l'homme Blanc; dans l'opinion , qui sépare absolument la race des ingénus, des descendans des esclaves, à quelque distance qu'ils soient. C'est dans cette opinion qu'est le maintien du régime, des Colonies, et la base de leur tranquillité. Du moment que le Nègre qui, n'étant pas éclairé, ne peut être conduit que par préjugés palpables, par des raisons qui frappent ses sens, ou qui sont mêlées à ses habitudes;

du moment qu'il pourra croire qu'il est l'égal du Blanc , ou du moins que celui qui est dans l'intermédiaire est l'égal du blanc; dès-lors il devient impossible de calculer l'effet de ce changement d'opinion. Nous en avons vu les preuves , même à l'arrivée de votre Décret. Son premier effet dans les paroisses de la Croix-des-Bouquets à été, de donner la pensée aux Nègres qu'ils étoient libres, et trois attelliers s'étant révoltés, en conséquence, on à été obligé d'employer les mesures les plus rigoureuses, pour les faire rentrer dans leur ancien état; il faut donc bien se convaincre qu'il n'y a plus de tranquillité, d'existence dans les Colonies, si vous attentez à ces moyens d'opinion, aux préjugés qui sont les seuls sauve-gardes de cette existence. Ce régime est absurde, mais il est établi, et on ne peut y toucher brusquement, sans entraîner les plus grands désastres: ce régime est oppressif, mais il fait exister en France plusieurs millions d'hommes : ce régime est barbare; mais il y auroit une plus grande barbarie à vouloir y porter les mains, sans avoir les connoissances nécessaires ; car le sang d'une nombreuse génération couleroit par votre imprudence, bien loin d'avoir receuilli le bienfait qui eût été dans votre pensée: ainsi ce n'est pas pour le bonheur des hommes, c'est pour les maux incalculables que l'on peut se hasarder, dans les connoissances louches, à porter des loix sur des Colonies. Chaque fois que vous croiriez faire peu pour la philosophie, vous feriez infiniment trop contre la paix et la tranquillité. Quand même vous adopteriez de foibles changemens, ces changemens seront tels, qu'ils porteroient la subversion dans les Colonies; tandis que, présentés d'une autre manière, et sous un autre mode, par les habitans eux-mêmes, ils pourroient avoir des effets plus réels et plus prochains: il est évident, si l'on veut le considérer, qu'il est plus avantageux pour les Colonies, pour la Métropole, et pour les esclaves mêmes, de n'assujettir les réglemens, sur cet objet, qu'à une sanction qui ne peut jamais être modificatrice, plutôt que de les réduire à une simple initiative qui permet toujours les modifications postérieures; en effet si vous conserviez le simple système de l'initiative, vous ne feriez point disparoître les inquiétudes; car, soit à tort, soit à raison, on croyoit avoir cette initiative avant votre Décret; et on croit par conséquent aujourd'hui que la foi promise n'a pas été gardée. Il n'y a pas aujourd'hui un moyen qui pût faire renaître la confiance que ce Décret a entièrement perdue. Or, comme le système de l'initiative portoit entiérement sur la confiance, les inquiétudes ne cesseront plus, tant que ce mode subsistera. En second lieu, loin de rétablir la tranquilité, vous rendriez impossible, à jamais, toute espèce de changement, d'amélioration; il est évident que les Colonies, ayant par expérience la connoissance de ce qui peut arriver dans le corps législatif sur un objet, n'exerceroient jamais cette initiative spontanée que vous leur auriez donnée; car elles craindroient toujours que du moment où elles vous auroient saisi d'une question semblable par l'exercice de cette initiative vous fissiez autrement qu'elles ne vous auroient proposé, et dès-lors elles préféreroient la continuation du régime actuel, dans sa totalité, à tout changement qui iroit plus loin qu'elles ne l'auroient entendu; tandis que si elles ne sont soumises qu'à une sanction du Roi qui approuve ou rejette, mais qui dans aucun cas ne peut modifier, elles sont encouragées par cela même qu'elles connoissent la limite du changement qui peut avoir lieu; et savent qu'on ne pourra pro-

noncer autrement ni davantage qu'elles n'auroit voulu.

D'ailleurs rien n'est plus politique, rien
ne sert d'avantage à la subordination qui
maintient les Colonies, que de lier les af-
franchis aux ingénus par les bienfaits qu'ils
reçoivent de ceux-ci.

Ainsi, Messieurs, si vous voulez que les
Colonies soit tranquilles, donnez leur ce
droit, car ce n'est qu'à ce prix que leurs ter-
reurs vont disparoître; si vous voulez que
le sort des hommes de couleur et des noirs
s'améliore, donnez-leur ce droit, parce que
ce n'est que lorsqu'elles sauront qu'on ne
peut pas prononcer au-delà de ce qu'elles
auront cru le mieux possible, qu'elles voudront
atteindre elles-mêmes à ce mieux.

Messieurs, s'il existoit une privation dans
les hommes de couleur libres, des droits ordinaires à tous ces hommes, on pourroit y
mettre plus d'importance; mais ce n'est que
des droits politiques dont il s'agit. Les hommes
de couleur libres jouissent comme tous les
autres hommes des droits civils et individu-
els; si quelques-uns leur sont refusés par
l'oppression, il faut qu'ils leurs soient res-
titués.

Nous ne proposons pas que les droits civils
des hommes libres entrent en aucune manière
dans la compétence exclusive des assemblées
coloniales; c'est des droits politiques dont
il s'agit uniquement; c'est de ces mêmes
droits dont plusieurs millions d'hommes sont
privés en France par vos décrets; c'est de ces
droits qui sont établis pour la consistance,
pour le bonheur de la société entière, qui,
par conséquent sont répartis d'après ces intérêts, tandis que les droits civils appartien-
nent à tous, sont donnés à chacun comme
un bien qu'il ne peut pas aliéner; et s'il
est parfaitement vrai que vous ne pouvez
pas vous-mêmes toucher à *ce* droit politique
concernant les hommes de couleur, parce
qu'il est l'intermédiaire nécessaire pour la
maintien de la subordination coloniale;
parce que des changemens faits sans connoissance de cause ne peuvent être que désastreux; si, dis-je, il est certain qu'en réser-
vant aux assemblées nationales de France
le droit de toucher à ces droits politiques
vous préparez tôt ou tard la subversion des
Colonies, et que dès-à-présent vous y portez
l'inquiétude destructive de toute confiance
et de tous liens nationaux; je demande s'il

est possible de balancer entre la tranquillité des Colonies, entre l'intérêt immense de la Métropole, et l'exercice actuel des droits politiques pour un très-petit nombre d'hommes, je demande si lorsque l'Assemblée Nationale, conduite par un grand intérêt national, et par l'impossibité de faire de tels changemens sans un boulversement absolu, a cru qu'elle pouvoit consacrer, par un décret constitutionnel, l'esclavage de plus de 600,000 personnes, elle peut balancer à sacrifier à ce même intérêt national, à cette même tranquillité dont l'état des hommes de couleur est la cause intermédiaire mais nécessaire; je demande si l'Assemblée Nationale peut balancer à sacrifier à de si grands intérets, non par la privation perpétuelle, sans doute, mais la privation progressive dans un très-petit nombre d'individus, des droits politiques, dont en France plusieurs millions d'hommes sont privés,

Les Nations étrangères s'étonnent déjà, et la France s'étonnera bientôt qu'on soit parvenu à faire une grande affaire de cette question de l'état des hommes de couleur libres. On s'étonnera sur-tout que la question de l'état civil des es-

clâves de Saint-Domingue, des esclaves des
Colonies, n'ait pas été considérée comme
l'objet d'une véritable difficulté et que quelques personnes s'obstinent à mettre la tranquillité des Colonies, la prospérité de la Métropole dans le danger le plus reconnu, non
pas pour la liberté de 600,000 hommes, mais
pour l'existence politique de 5 à 600,000
personnes: Je demande à tous les membres
de cette assemblée, si, lorsque par des considérations bien moins graves, au sein de la
Métropole, au voisinage de la force publique,
elle s'est décidée à suspendre au moins l'exercice de ces droits, dans des hommes, à raison
de leur culte; comment, il est possible que l'on
conçoive qu'à 2000 lieues elle se croit obligée
d'admettre, dès-à-présent, un nombre
d'hommes beaucoup moins considérable que
les Juifs à l'exercice des droits dont elle a privé
ceux-ci.

Messieurs, on a souvent présenté dans cette
assemblée la masse d'intérêts nationaux attachée à la question actuelle; on vous a présenté l'existence de votre commerce, de vos
manufactures, d'une partie de l'agriculture intéressés à cette question : on vous a prouvé

que la perte des Colonies entraîneroit des
maux plus grands encore que le désastre qui
en proviendroit directement; que du moment
que vous n'auriez pas de Colonies, presque
toute notre navigation commerciale tomberoit, que dès lors vous n'auriez plus de moyens
de former des Matelots pour la marine militaire, et que n'ayant plus de marine militaire,
vous n'auriez plus de commerce extérieur, de
commerce maritime, parce que vous n'auriez
plus les moyens nécessaires pour le protéger
et le défendre. Ces idées ne sont pas neuves,
elles ont été présentées ici toutes les fois que
l'on a traité la question des Colonies, mais
il en est de relatives à la circonstance actuelle
et qu'il ne nous est pas possible de passer
sous silence.

Quelle est actuellement la situation du
royaume Français? Une très-grande et très-
heureuse révolution y a tari momentanément presque toutes les sources de la prospérité publique. Vos manufactures ne sont
soutenues que par la circonstance malheureuse
en elle-même de la baisse du change. Votre
commerce est momentanément altéré ou
presque détruit. Ce change avec les étrangers
présente une baisse progressive, affligeante et
ruineuse,

ruineuse, vous n'avez pour numéraire qu'un papier solide tant que les biens nationaux seront solides eux-mêmes, tant qu'on sera assuré de percevoir les impôts, tant que vous ne serez pas obligés de prendre sur les capitaux la dépense de vos besoins ordinaires tant que l'ordre public sera dans le royaume, et qu'on sera sûr, par la terminaison de la révolution, de la certitude des gages sur lesquels il repose; mais ce papier devient un fléau, du moment que les bases de crédit sur lesquelles il est fondé, seront affoiblies. Or, s'il arrivoit, soit par la perte absolue, soit par la perte partielle, soit par une longue suspension des bénéfices que nous retirons des Colonies, que tous les ports se trouvassent dans l'état le plus désastreux, que les travaux vinssent subitement à manquer; qu'à l'instant les manufactures s'en ressentissent; croit-on alors que l'impôt pourroit aisément se percevoir; croit-on qu'alors le papier, qui repose sur la confiance, ne tomberoit pas à l'instant dans le plus grand discrédit? Je demande si l'on croit qu'alors ce change vis-à-vis des nations étrangères, ne deviendroit pas effrayant pour les bons citoyens; je demande enfin si plus d'un mil-

C

lion d'hommes sans travail, sans pain, sans
espérance, au milieu de la détresse publique,
ne deviendroit pas parfaitement le germe
de tous les troubles. S'il est possible de
prévoir quel usage on pourroit en faire; à
quel excès on pourroit les porter, si alors
le peuple se plaignant et demandant des
changemens (car le peuple ne sait qu'une
chose, c'est qu'il est bien ou qu'il souffre; s'il
est bien, il veut conserver; s'il souffre il
veut changer le régime établi); si, dis-je,
le peuple agité par ses douleurs se plaignant
des changemens, si des millions d'hommes
désœuvrés, présentant des armes et des instrumens à quiconque voudroit les employer,
il ne deviendroit pas facile, possible au moins
de changer la Constitution établie; d'abattre
le système monarchique, ou de lui donner
une extension illimitée : que ceux qui sont
les amis des révolutions, non pour les in-
convéniens qu'elles produisent, mais pour
les résultats, pour le bonheur qui doit en
être l'effet, disent si l'on peut balancer entre
la perspective d'un si grand danger et la question dont il s'agit; et remarquez bien que,
tandis qu'une poignée d'hommes de couleur
réunis, à Paris, je ne sais par quel ressort,

couvrent les rues de la capitale de leurs af-
fiches, et ne cessent d'agiter cette assemblée
pour avoir non les droits civils que tout le
monde leur reconnoît, mais les droits politiques dont trois millions de Français sont
privés dans la Métropole : je demande si
de pareils intérêts sur lesquels les hommes
de couleur sont si froids dans les Colonies,
peuvent résister à l'intérêt immense de la
patrie? Depuis que les nouvelles de l'effet
du décret sont arrivées dans les ports, il n'en
est aucun qui ne vous ait fait parvenir les
plus pressantes pétitions. Les mêmes places
de commerce qui étoient demeurées muettes
lorsque le décret a été rendu, éclairées par
les événemens, viennent vous supplier de
changer une résolution qui les met au dé-
sespoir.

On dit sans cesse dans cette assemblée que
l'intérêt des Colons et des Commerçans est
une preuve qu'ils ne peuvent pas être en-
tendus dans la question, comme si l'intérêt
des Commerçans de France n'étoit pas dans
le moment actuel l'intérêt de la France elle-
même.

Il est sans doute des questions où l'intérêt
des Commerçans est différent de l'intérêt du

commerce et de l'intérêt de la Nation ; mais
ces questions ne sont pas celles-ci. Ici ce n'est
pas seulement l'armateur qui transporte et
qui vend la marchandise, c'est le manufacturier qui la prépare, c'est le cultivateur
qui l'extrait de la terre, qui sont immédia-
tément intéressés à la conservation des Colonies. Quelles sont les denrées que vous y
exportez? Quels sont les objets, qui sont
échangés avec les denrées coloniales, qui
vous donnent seuls l'avantage et la prépon-
dérance du commerce? Ce sont des objets
perçus et manufacturés chez vous presque
en totalité. Ce n'est donc pas l'armateur seul
qui profite; l'armateur n'est que l'agent du
manufacturier et de l'agriculteur. Or, si l'intérêt manufacturier, l'intérêt de l'agriculture,
l'intérêt du commerce sont ici réunis, quel
intérêt véritable encore est indifférent à la
question? Il est donc parfaitement vrai que
c'est de l'intérêt national dont il s'agit et qui
ne peut être mis en balance avec l'impatience
suggérée à un petit nombre d'individus qui,
jouissant déjà de tous les droits civils dont
la Nation leur promet le maintien et l'inté-
grité, exposent le royaume à sa ruine pour
conquérir des droits dont, comme je l'ai dit,

plusieurs millions de Français sont privés
par la Constitution. On ne peut pas attaquer ces droits parce qu'ils sont res-
pectés; mais si l'on approfondissoit la question autant qu'elle peut l'être, on trouveroit
qu'il est de l'intérêt de la Métropole que
l'exercice des droits soit borné et limité dans
les hommes de couleur; car, il est politique-
ment vrai de dire que l'esprit de retour n'e-
xiste pas dans les hommes de couleur; que les
blancs sont plus ou moins Français, parce
que la France est leur première patrie; que
là sont presque toujours leurs familles; qu'il
n'en est presqu'aucun qui ne conserve un
esprit de retour dans la Métropole, tandis
que les hommes de couleur étant nés sur
les lieux, n'ayant aucune espèce de liaison
avec la mère-patrie une fois qu'ils auroient obtenu tout ce qu'ils demandent aujourd'hui,
deviendroient véritablement par leur esprit,
par leur instinct et par leurs sentimens, absolument étrangers à la France, dont les
blancs ne cessent jamais de se croire les
enfans. Je vous ai présenté, Messieurs, les raisons théoriques par lesquelles la compétence
du Corps Législatif, même après une initiative, est, d'après ce que l'expérience vient de

prouver, destructive et subversive du résumé colonial : il est inutile de démontrer que le système que nous présentons n'établit, d'ailleurs, aucun droit redoutable pour la France ; car, le droit de prononcer sur quelques questions de droit politique, limités par la sanction provisoire du Gouverneur et définitive du Roi, n'est pas une attribution dangereuse et nuisible à la propriété et à la puissance nationale ; tandis que le refus de ce droit-là est la subversion des Colonies, leur séparation prochaine est éloignée, et la certitude de tous les désastres qui viendront fondre sur le Royaume. Si vous voulez donner à cette question toute l'importance qu'elle a, ne la considérez pas sous le point de vue où on l'a présentée, de l'intérêt [de quelques hommes ; considérez-la par les effets qu'elle va immédiatement avoir ; ne léguez pas à vos successeurs une grande guerre contre les Colonies, et des grands troubles en-dedans ; ne livrez pas au changement des Législateurs ces deux points essentiels ; car, si vous dites qu'en les laissant au Corps Législatif vous ne ferez pas cesser les inquiétudes des Colons, qui croiront voir renaître chaque année les mêmes questions, et chez qui la confiance ne s'établira jamais, et

(39)

que, d'autre part, en ne prononçant pas immuablement sur les compétences des loix de
commerce, vous verrez s'établir la suite des
raisonnemens et le résultat que je vous ai annoncé, et vous verrez cette grande querelle
occuper long-temps l'Europe, plonger la France
dans une suite de maux, et finir par la réduire
au-dessous des Puissances qui lui sont actuellement inférieures.

Je vous invite donc, Messieurs, à décider,
dès à présent, la question comme nous avons
eu l'honneur de vous la proposer, et à ne pas
craindre une grande, profonde et décisive démarche pour sauver une dernière fois la Patrie; car, cette délibération va décider aujour-
d'hui du sort de la France pendant la prochaine législature. Voici notre pro-jet de décret :

L'Assemblée Nationale constituante vou-
lant, avant de terminer ses travaux, assurer
d'une manière invariable la tranquillité intérieure des Colonies, et les avantages que la
France retire de ces importantes possessions,
décrète comme articles constitutionnels, pour
les Colonies, ce qui suit :

Art. I. L'Assemblée Nationale Législative
statuera exclusivement, avec la sanction du Roi,

sur le régime extérieur des Colonies. En conséquence, elle fera, 1°. les loix qui règlent les relations commerciales des Colonies, celles qui en assurent le maintien par l'établissement des moyens de surveillance, la poursuite, le jugement et la punition des contraventions ; et celles qui garantissent l'exécution des engagemens entre le commerce et les Habitans des Colonies ; 2°. les loix qui concernent la défense des Colonies, les parties militaire et administrative de la guerre et de la marine.

II. Les Assemblées Coloniales pourront faire, sur les mêmes objets, toutes demandes et représentations ; mais elles ne seront considérées que comme de simples pétitions, et ne pourront être converties, dans les Colonies, en réglemens provisoires, sauf néanmoins les exceptions extraordinaires et momentanées, relatives à l'introduction des subsistances, lesquelles pourront avoir lieu à raison d'un besoin pressant, légalement constaté, et d'après un arrêté des Assemblées Coloniales, approuvé par les Gouverneurs.

III. Les loix concernant l'état des personnes non libres et l'état politique des hommes de Couleur et Nègres libres, ainsi que les réglemens relatifs à l'exécution de ces mêmes loix,

seront faites par les Assemblées Coloniales ;
s'exécuteront provisoirement avec l'approbation des Gouverneurs des Colonies, et seront
portées directement à la sanction du Roi, sans
qu'aucun Décret antérieur puisse porter obstacle au plein exercice du droit conféré par le
présent article aux Assemblées Coloniales.

IV. Quant aux formes à suivre pour la confection des loix du régime intérieur, qui ne
concernent pas l'état des personnes désignées
dans l'article ci-dessus, elles seront déterminées par le Pouvoir Législatif, ainsi que le
surplus de l'organisation des Colonies, après
avoir reçu le vœu que les Assemblées Coloniales ont été autorisées à exprimer sur leur
Constitution.

Quoique l'Assemblée ait achevé son travail
de la Constitution, et qu'elle n'y puisse rien
changer, cependant elle peut encore statuer
constitutionnellement à l'égard des Colonies,
parce qu'il a été formellement décrété qu'elles
n'étoient pas comprises dans la Constitution.

M. CHAPELIER. Je ne répondrai pas à l'ob-
jection futile, que nous ne sommes plus Corps
Constituans ; car il y a même dans la Constitution une exception pour les Colonies ; et si
nous n'étions pas Corps Constituant, nous

serions obligés de nous séparer, puisque nous
ne pourrions que préparer des loix. Quelle est
donc la question que vous avez à décider aujourd'hui ? C'est la question de savoir ce que
le Corps Législatif de France pourra déterminer pour les Colonies, quelle part il aura
dans la législation des Colonies. Voilà la question toute entière. Or, je vous demande si
ce n'est pas au Pouvoir Constituant à décider
quel pouvoir le Corps Législatif aura sur les
Colonies ? Laisserez-vous au Corps Législatif
la liberté de varier dans l'exercice de ses pouvoirs, et une législature dire, par exemple,
qu'elle n'a que le pouvoir de régler les loix
extérieures, tandis que l'autre dira qu'elle a
le pouvoir de régler tout le régime intérieur
des Colonies ? Voilà cependant ce qui arri-
vera si vous ne décidez pas formellement ce
que le Corps Législatif aura le droit de faire.
Et voyez-vous encore ce qui en résulte pour
les Colonies ? C'est que l'inquiétude augmente
par cette versatilité même ; c'est que leur inquiétude augmentera d'autant plus qu'elles
ignoreront quel pouvoir le Corps Législatif de
France aura sur leur législation, si cela n'est
pas immuablement déterminé comme les règles
même de votre Constitution.

Attendez-vous donc à ne voir que des troubles dans les Colonies; et s'il y a des inquiétudes et dans nos Colonies et dans nos ports, attendez-vous à voir votre commerce détruit. Qu'arrivera-t-il ensuite ? Si les mesures que prendra la législature prochaine augmentent ces troubles ou ne les calment pas, elle vous en accusera : elle dira que vous n'avez pas voulu finir votre ouvrage : elle imputera ces troubles aux Décrets que vous avez rendus ; cela est évident.

M. BLIN. Je passe à ces deux autres propositions. Il ne s'agit point ici de savoir si l'Assemblée actuelle est constituante ou ne l'est pas : il ne s'agit pas de savoir si, jusqu'à présent, l'Assemblée a fixé la question d'une manière exacte; si l'Assemblée a le pouvoir de statuer définitivement, quels doivent être les rapports entre les Colonies et la Métropole? Voici la question qu'il s'agit de décider maintenant dans cette Assemblée. Eh ! cette question ne peut pas être laissée indécise, parce que, comme vous a fort bien dit M. Chapelier hier, l'Assemblée suivante n'auroit pas fixé les bornes de ses rapports avec les Assemblées Coloniales. Or, puisque vous avez été chargés de faire toutes les distributions des pouvoirs ; de les renfermer chacun dans leur cercle, il est évident que c'est à l'Assemblée actuelle à déterminer, d'une manière invariable, quels sont enfin les rapports des Colonies avec la Métropole, et sur quelle règle on statuera par rapport aux Colonies.

J'ajouterai une considération à cette raison-là ; Messieurs, c'est que cet intérêt-là est un des plus intéressans que vous ayez à traiter. On vous a toujours présenté ici des questions qui ne sont pas celles qu'il faut voir. On vous a tenu un voile continuel sur le véritable intérêt de la question, qui est celui de tous les journaliers de France, de tous les hommes qui n'ont d'autres moyens d'exister que par le travail de leurs mains, et à qui il faut un salaire. On vous a toujours dérobé cet objet-là, et c'est principalement celui qui doit vous occuper. J'espère que j'aurai l'honneur de vous prouver cette assertion, quand mon rang sera venu, pour parler sur la question. Je demande donc que l'Assemblée, ayant décrété hier, par appel nominal, que la question ne seroit pas ajournée, mais qu'elle seroit décidée, elle rejette les propositions de M. Reubell, qui ne sont que des crochets donnés à l'Assemblée pour arrêter sa délibération, et qué l'on passe tout de suite à la discussion.

M. ROUSSILLON. Quelque grande que soit la défaveur qu'on cherche à jetter sur les commerçans, je n'en aurai pas moins le courage de dire mon opinion sur la question importante qui vous occupe en ce moment : l'intérêt de la Patrie l'exige ; et mon serment de la servir avec fidélité m'en impose le devoir.

Vos Décrets des 28 Mars et 12 Octobre 1790, avoient rétabli l'ordre et le calme dans les Colonies : le Décret du 15 Mai y a produit une explosion terrible. Les dispositions que les Colons ont manifestées, ont porté la terreur et la désolation dans toutes nos villes de commerce, et particulièrement à Bordeaux, la Rochelle, le Havre, Rouen et Marseille. Les Négocians de ces villes, justement alarmés, vous ont adressé leurs doléances ; et ces pétitions ont été considérées et présentées par quelques honorables Membres comme dictées par l'orgueil, dirigées par l'avarice et soutenues par la violence. Entr'autres, M. Grégoire vous a dit que les représentations du commerce ne doivent pas être prises en considération, parce qu'il seroit juge et partie dans cette cause, J'aurai l'honneur de lui répondre que la question étant soumise à la décision de l'Assemblée

Nationale, le commerce ne peut-être consi-
déré comme juge, et que c'est une étrange
manière de voir les choses que de trouver des
juges dans des supplians qui craignent pour
leur existence. Il est vrai que les armateurs ;
les fabriquans ; les Négocians qui ont signé
ces pétitions ont un intérêt direct et particu-
lier à ce que le Décret du 15 Mai soit retracté
ou modifié, mais ce n'est pas une raison pour
faire rejetter leur pétition. Je rappellerai que
les évêques constitutionnels et les autres ecclésiastiques intéressés ont seuls réclamé contre
l'omission faite par MM. les Commissaires
réviseurs, de parler, dans la Constitution, du
traitement des ecclésiastiques.

Et cette réclamation, quoique dirigée par
l'intérêt purement personnel, n'a été ni im-
prouvée, ni repoussée par l'Assemblée Nationale. J'aurai l'honneur de lui représenter que,
s'il est libre à des hommes qui souffrent de se
plaindre, il est du devoir d'hommes justes de
les écouter, à moins que M. Grégoire ne trouve
que le sort de plusieurs millions d'hommes,
résidans en France, ne doit point entrer en
balance avec celui d'une poignée d'hommes
qui résident en Amérique, et qu'il est bien
plus beau, bien plus sublime d'aller chercher

les objets de notre pitié dans un autre hémis-
phère, que de s'affecter des malheurs qui sont
sous nos yeux, sur-tout quand cela a pu se
faire sans aucun risque pour soi, et qu'au
contraire les applaudissemens de la multitude,
qui est toujours au niveau de cette philosophie, sont le prix de ces grands efforts
pour l'humanité.

Oui, Messieurs, les pétitions des Négocians ont été dictées par l'intérêt, et par l'in-
rêt le plus pressant, le plus grand, puisqu'il
tient à celui de toute la France. Quant à ce
qui les regarde personnellement, ils tremblent
pour leurs propriétés, pour les sommes im-
menses qui leur sont dues ; ils redoutent l'en-
tier anéantissement de leur commerce déjà
ébranlé par les funestes variations du change.
Mais vos lumières, Messieurs, ne vous per-
mettent pas d'ignorer par combien de catas-
trophes seroit marquée la destruction subite
du commerce des principales villes de France,
qui se propageroit dans toutes les autres villes,
et jusqu'au sein de nos campagnes, où l'industrie et l'agriculture, totalement privées de
leurs principes d'activité, tomberoient à l'instant dans la langueur.

Pour se convaincre de cette vérité, il suffit

dè jetter les yeux sur le relevé exact que j'ai
fait de notre commerce avec les Colonies, et
que je vais avoir l'honneur de vous soumettre,
pour mieux fixer votre attention et votre opinion sur une question, de la décision de laquelle dépend la prospérité ou la ruine du
commerce National. Les exportations faites
de France pour les Isles d'Amérique, ou la
partie d'Afrique, qui est une dépendance de
ce commerce, montent, année moyenne, à
88 millions. Cette somme de 88 millions se
partage entre les Citoyens Français, de la manière suivante: 44 millions aux manufacturiers qui, sur cette valeur, font la part in-
directe des cultivateurs et vendeurs des matières brutes; 29 millions aux cultivateurs di-
rects, et 22 millions aux Etrangers qui fournissent les produits agricoles et les marchandises fabriquées.

Le retour de nos Colonies, en denrées de
leur sol, s'élève, par année moyenne, à environ 200 millions. Cette somme de 200 millions rembourse d'abord les avances de nos
agriculteurs et de nos manufacturiers; elle
paie les Etrangers qui fournissent certains articles de marchandises; elles donnent aux propriétaires domiciliés en France la rente de
leurs

leurs propriétés territoriales en Amérique;
enfin, cette somme salarié de Marine Mar-
chande, dans la proportion que nous verrons
ci-après. Nos ventes habituelles, nos corres-
pondances Etrangères, sur la masse en denrées, reçues annuellement de nos Isles, se
sont élevées, depuis 1786 à 1789 inclusive-
ment, à 512 millions; ce qui donne, pour
l'année moyenne, une somme de 148 millions. Observons combien cette masse d'é-
changes avec l'Etranger est précieuse dans un
moment où tant de circonstances concourent
à notre pénurie en matières d'Or et d'Argent.
Si nous n'avions pas une semblable masse, à
livrer aux Européens qui, abstraction faite
de nos besoins en grains et en subsistances,
nous fournissent annuellement pour environ
300 millions en marchandises, il arriveroit
que la valeur de nos exportations, en articles
du sol et de l'industrie de la France, ne s'é-
levant pas à plus de 200 millions, l'ordre actuel des échanges, subitement anéanti, nous
appauvriroit de plus en plus.

Le commerce de la France avec les Colonies occupe au moins 600 bâtimens ou deux
cent mille tonneaux à transporter les marchandises venant de France, et à rapporter les

D

marchandises d'Amérique. Voici, messieurs, comment j'évalue le bénéfice du frêt. Le prix du frêt ou départ de France est évalué au plus bas, en temps de paix, monnoie de France, à 48 liv. par tonneau. Or, 200,000 tonneaux à 48 liv. font une masse de 9,600,000 liv. Le frêt à l'arrivée des Isles, fixé au plus bas à 48 livres, donne un second bénéfice pareil. Ce n'est pas tout : le cabotage de port en port du royaume se monte à un million de tonneaux dont le commerce d'Amérique emporte la moitié, ce qui fait 50,000 tonneaux qui, au plus bas prix, à 10 liv. par tonneau donnent encore un bénéfice de 6 millions. Ainsi le bénéfice total du frêt est de près de 25 millions pour la Nation : non - seulement la scission de nos Colonies anéantiroit ces produits, mais ce malheur laisseroit encore sans moyen de subsistance plus de 20,000 matelots, agens principaux de la force publique maritime, nous serions aussi privés de tout espoir de fonder jamais un commerce direct dans le Nord : nous pourrions de même renoncer à toute promulgation raisonnable d'un acte de navigation, car nous aurions perdu, dans les denrées des Isles, les moyens les plus féconds d'entretenir l'activité des transports maritimes par le voiturage d'articles de commerce d'un très-grand encombrement; genre d'industrie qui excite l'envie des Anglois, des Hollandois et de quelques autres Peuples du Nord. Quels moyens resteroient à la France de payer une masse de contributions, suffisante pour les frais de son Gouvernement, et pour l'intérêt de sa dette; après qu'on aura soustrait de la fortune publique 5oo millions de valeurs qui circulent par le travail qu'occasionnent nos Colonies ?

L'exactitude du tableau que je viens de mettre sous vos yeux, est justifiée par l'excellent ouvrage de M. Arnoud sur les relations commerciales futures de la France avec toutes les parties du globe, et par la balance de notre commerce avec les Etrangers. En 1789, il vous a été présenté par M. Goudard, d'une manière si nette et si claire, qu'elle lui a mérité vos justes applaudissemens. Par ce tableau, je dois avoir démontré que l'intérêt du Négociant est infiniment lié à celui de l'Etat; que ces intérêts sont indivisibles. Tout le monde sait, et l'expérience nous a appris que, pour prospérer, il faut au commerce paix, liberté, sûreté, protection; que les troubles, la guerre le découragent et finissent par l'anéantir.

En laissant aux Assemblées Coloniales la faculté de faire les loix concernant l'état des personnes non libres, et l'état des hommes de Couleur et Négres libres, vous préviendrez les plus grands malheurs, et vous donnerez aux Colons, déja éclairés par les lumières que la Révolution a répandues, les moyens de se rapprocher des gens de Couleur; et en attendant que l'opinion ramène insensiblement, et sans secousse, à la pratique de vos principes, vous maintiendrez l'harmonie et la paix, si nécessaires dans tout l'État, et particulièrement dans les circonstances où nous nous trouvons. Il ne suffit pas, Messieurs, d'être justes; il faut encore l'être avec prudence. La véritable justice ne rejette pas les tempérammens; elle sait attendre si, pour opérer avec fruit, elle a besoin des secours du temps: elle croiroit avoir manqué son but si, en faisant le bien, elle n'avoit pas évité tout le mal qu'il étoit en son pouvoir d'écarter. D'après ces considérations, je conclus à l'adoption du projet de Décret des Comités: et, vu son importance, et sans craindre la responsabilité dont on vous a parlé ce matin: je demande que l'on aille aux voix par appel nominal, afin qu'on puisse connoître l'opinion de ceux qui sont les amis de l'intérêt public.

L O I

Relative aux Colonies

Donnée à Paris, le 28 Septembre 1791.

Louis, par la grâce de Dieu et par la Loi constitutionnelle de l'Etat, Roi des Français : A tous présens et à venir; Salut. L'Assemblée Nationale a décrété, et Nous voulons et ordonnons ce qui suit :

Décret de l'Assemblée Nationale, du 24 Septembre 1791.

L'Assemblée Nationale constituante voudant, avant de terminer ses travaux, assurer d'une manière invariable la tranquillité intérieure des Colonies et les avantages que la France retire de ces importantes possessions, décrète comme article constitutionnel pour les Colonies, ce qui suit :

Article premier.

L'Assemblée Nationale législative statuera exclusivement, avec la sanction du Roi, sur le régime extérieur des Colonies; en conséquence elle fera 1°. les loix qui règlent les relations commerciales des Colonies, celles qui en assurent le maintien par l'établissement des moyens de surveillance, la poursuite, le jugement et la punition des contraventions, et celles qui garantissent l'exécution des engagemens entre le commerce et les habitans des Colonies; 2°. les loix qui concernent la défense des Colonies, les parties militaire et administrative de la guerre et de la marine.

Art. III.

Les Assemblées coloniales pourront faire sur les mêmes objets toutes demandes et représentations, mais elles ne seront considérées que comme de simples pétitions, et ne pourront être converties dans les Colonies en règlemens provisoires, sauf néanmoins les exceptions extraordinaires et momentanées relatives à l'introduction des subsistances, lesquelles pourront avoir lieu à raison d'un besoin pressant légalement constaté, et d'après un arrêté des Assemblées coloniales approuvé par les Gouverneurs.

Art. III.

Les loix concernant l'état des personnes non libres et l'état politique des hommes de couleur et nègres libres, ainsi que les réglemens relatifs à l'exécution de ces mêmes loix, seront faites par les Assemblées coloniales actuellement existantes et celles qui leur succéderont, s'exécuteront provisoirement avec l'approbation des Gouverneurs des Colonies, pendant l'espace d'un an pour les Colonies d'Amérique, et pendant l'espace de deux ans pour les Colonies au-delà du Cap de Bonne-Espérance, et seront portées directement à la sanction absolue du Roi, sans qu'aucun décret antérieur puisse porter obstacle au plein exercice du droit conféré par le présent article aux Assemblées coloniales.

Art. IV.

Quant aux formes à suivre pour la confection des loix du régime intérieur qui ne concerne pas l'état des personnes désignées dans l'article ci-dessus, elles seront déterminées par le Pouvoir législatif, ainsi que le surplus de l'organisation des Colonies, après avoir reçu le vœu que les Assemblées coloniales ont été autorisées à exprimer sur leur Constitution.

Mandons et ordonnons à tous les Corps administratifs et aux Tribunaux, que les présentes ils fassent consigner dans leurs registres, lire, publier, et afficher dans leurs Départemens et ressorts respectifs, et exécuter comme loi du Royaume. Mandons et ordonnons pareillement à tous les Officiers généraux de la Marine, aux Commandans des ports et arsénaux, Gouverneurs, Lieutenans généraux, Gouverneurs et Commandans particuliers des Colonies orientales et occidentales, et à tous autres à qui il appartiendra, de se conformer ponctuellement à ces présentes. En foi de quoi Nous avons signé ces dites présentes, auxquelles Nous avons fait apposer le Sceau de l'Etat. A Paris, le vingt-huitième jour de septembre, l'an de grâce mil sept cent quatre-vingt-onze, et de notre règne le dix-huitième. *Signé* LOUIS. *Et plus bas,* M. L. F. Du Port.

Certifié conforme à l'original,
Signé M. L. F. Du Port.

Adressé par le Département de la Marine,
Signé DE LESSART.

PROCLAMATION DU ROI,

Sur la Loi du 28 Septembre 1791,
relative aux Colonies.

Sa Majesté convaincue que la loi du 28 ce mois, destinée à assurer aux Colonies Françoises la tranquillité intérieure, et à resserrer de plus en plus les liens qui doivent unir toutes ses parties de l'empire, considérant que cette loi qui sera reçue par tous les Colons avec la juste reconnoissance qu'elle doit leur inspirer, est à-la-fois la preuve du désir de l'Assemblée Nationale de les maintenir dans un état de paix intérieure, sans laquelle n'est point de bonheur, et de la confiance de la Nation dans leurs sentimens et leur fidélité, le Roi l'a acceptée avec une véritable satisfaction, a voulu donner par cette adhésion solemnelle, un témoignage nouveau de son affection pour les habitans des Colonies. Sa Majesté se livre donc d'avance à l'espoir que cette loi salutaire inspira, et elle invite les Colons à montrer par leur modération, leur

union et leur justice, qu'ils sont vraiment
François, et que les pouvoirs qui sont délégués
aux Assemblées coloniales sont tout-à-la-fois
des moyens de tranquillité pour les Colonies
et d'accroissement pour la prospérité de
l'État.

Mande Sa Majesté aux Gouverneurs, Lieutenans-Généraux, Gouverneurs et Commandans particuliers et Ordonnateurs, à tous
les Tribunaux, Corps Adminstratifs et Municipalités, et à tous autres qu'il appartiendra,
dans les Colonies françoises orientales, et occidentales, de se conformer à la loi du 28 de
ce mois, et à la présente proclamation, et
de tenir la main à leur exécution.

Fait à Paris, le vingt-neuf septembre mil
sept cent quatre-vingt-onze. *Signé* LOUIS.
Et plus bas, DE LESSART.

LOI

RELATIVE AUX COLONIES,

Donnée à Paris, le 28 Septembre 1791.

LOUIS, par la grace de Dieu et par la loi
constitutionnelle de l'État, ROI DES FRANÇOIS,

(59)

A tous présens et à venir ; SALUT. L'Assemblée
Nationale a décrété, et Nous voulons et ordonnons ce qui suit :

*Décret de l'Assemblée Nationale, du 28
Septembre 1791.*

L'ASSEMBLÉE NATIONALE décrète :

ARTICLE PREMIER.

LE Décret du 24 de ce mois, constitutionnel pour les Colonies, sera porté à l'acceptation du Roi.

ART. II.

LES instructions sur l'organisation des Colonies, adressées à l'Isle de Saint-Domingue,
par le Décret du 15 Juin dernier, seront éga-
lement envoyées aux autres Colonies, pour
servir de mémoire, en ce qui n'a pas été décidé
par le Décret du 24 de ce mois ; et en conséquence, l'Assemblée Coloniale de la Martinique, dont les séances ont été suspendues
par le Décret du 29 Novembre 1790, sanctionné le 8 Décembre suivant, rentrera en
activité.

ART. III.

La suspension du départ des Commissaires du Roi, destinés à l'Isle de Saint-Domingue, est levée.

ART. IV.

Pour faire cesser, dans les Colonies, l'effet des troubles et des dissensions qui y ont eu lieu, et opérer entre leurs Habitans une réconciliation générale, le Décret du 14 de ce mois, sanctionné le 15 du même mois, portant abolition de toutes poursuites et procédures sur les faits relatifs à la Révolution, et amnistie générale en faveur des hommes de guerre, sera étendu auxdites Colonies; en conséquence les Commissaires civils qui y ont été envoyés, cesseront toutes informations sur l'origine et les auteurs des troubles, et publieront, dans chaque Colonie, une Proclamation, pour rappeler dans leurs foyers les Citoyens domiciliés qui s'en sont éloignés, et inviter tous les Habitans à l'union, à la concorde et à l'oubli du passé.

MANDONS et ordonnons à tous les Corps Administratifs et aux Tribunaux, que les présentes ils fassent consigner dans leurs Registres,

lire, publier et afficher dans leurs Départemens et ressorts respectifs, et exécuter comme
Loi du Royaume. Mandons et ordonnons pareillement à tous les Officiers Généraux de la
Marine, aux Commandans des Ports et Arse-
naux, aux Gouverneurs et Lieutenans-Généraux, Gouverneurs et Commandans particuliers des Colonies Orientales et Occidentales,
et à tous autres à qui il appartiendra, de se
conformer ponctuellement à ces Présentes. En
foi de quoi Nous avons signé lesdites Présentes, auxquelles nous avons fait apposer le
Sceau de l'Etat. A Paris, le vingt-huitième
jour de Septembre, l'an de grace mil sept cent
quatre-vingt-onze, et de notre règne le dix-
huitième. *Signé* LOUIS. *Et plus bas,*
M. L. F. DUPORT.

Signé M. L. F. DUPORT.

Adressé par le Département de la Marine.

Signé DE LESSART.

PROCLAMATION DU ROI,

Sur la Loi du 28 Septembre 1791 , N°. 1292 ; relative aux Colonies.

Du 29 Septembre 1791.

VU la Loi du 28 de ce mois, laquelle, entr'autres choses, étend à toutes les Colonies, la Loi du 15 de ce mois, faite pour le Royaume, qui porte abolition de toutes poursuites et procédures sur les faits relatifs à la Révolution, et amnistie générale en faveur des hommes de guerre; Sa Majesté, qui trouve que cette Loi, en assurant aux Colons la tranquillité et la paix, rappelle en même temps l'époque de l'acceptation que le Roi a faite de la Constitution Françoise, invite tous les Habitans des Colonies à ensevelir dans l'oubli le souvenir des troubles qui les ont agités, et à rappeler au milieu d'eux leurs Concitoyens et leurs frères, pour former, en quelque sorte, un nouveau pacte, dont le résultat doit être la félicité commune.

MANDE SA MAJESTÉ aux Gouverneurs, Lieutenans-Généraux, Gouverneurs et Commandans particuliers et Ordonnateurs, à tous les Tribunaux, Corps Administratifs et Municipalités, et à tous autres qu'il appartiendra, dans les Colonies Françoises Orientales et Occidentales, de se conformer à la Loi du 28 de ce mois et à la présente Proclamation, et de tenir la main à leur exécution.

FAIT à Paris, le vingt-neuf Septembre mil sept cent quatre-vingt-onze. *Signé* LOUIS. *Et plus bas,* DE LESSART.

FIN.

Dépôt légal : 4ème trimestre 1972

De l'Imprimerie de la FEUILLE DU JOUR, rue de Bondi, N°. 74, à côté de l'Opéra.